I0843188

Impressum und Copyright: Kreativdesign Conny Seiler
EMail: email@farbundpinselstrich.ch